돌이 듣는다

돌이 듣는다

초판 1쇄 발행 2020년 4월 17일

지은이 박경전
그림 박은명
펴낸이 장길수
펴낸곳 지식과감성#
출판등록 제2012-000081호

디자인 장홍은
편집 이현, 장홍은
교정 양수진
마케팅 고은빛

주소 서울시 금천구 벚꽃로298 대륭포스트타워6차 1212호
전화 070-4651-3730~4
팩스 070-4325-7006
이메일 kcbookup@naver.com
홈페이지 www.knsbookup.com

ISBN 979-11-6552-095-3(03810)
값 12,000원

ⓒ 박경전 2020 Printed in Korea

잘못된 책은 구입하신 곳에서 바꾸어 드립니다.
이 책의 전부 또는 일부 내용을 재사용하려면 사전에 저작권자와 펴낸곳의 동의를 받아야 합니다.

이 도서의 국립중앙도서관 출판예정도서목록(CIP)은 서지정보유통지원시스템
홈페이지(http://seoji.nl.go.kr)와 국가자료공동목록시스템(http://www.nl.go.kr/kolisnet)에서
이용하실 수 있습니다. (CIP제어번호 : CIP2020013454)

 홈페이지 바로가기

돌이 듣는다

박경전 ● 지음

내가 보는 세상이 정답은 아니다.
내가 보지 못하는 세상이 무궁하다.

지식과감정

| 작가의 말

낮에 보는 세상과 밤에 보는 세상은 다르다.

낮에는 보이는 것들이 밤에는 보이지 않는다.

밤에는 보이는 것들이 낮에는 보이지 않는다.

보이지만 다르게 보이는 것들도 있다.

같은 세상이다.

낮에는 밤이 있고, 밤에는 낮이 있다.

어쩌면 내가 보는 세상은 원불교로 보는 세상이다.
30년 가까이 원불교에 취해 있었으니 그럴 만하다.

내가 보는 세상이 정답은 아니다.
내가 보지 못하는 세상이 무궁하다.

돌이 서서 물소리를 듣는다.
돌이 듣는 세상이 정답이다.

나는 그저
애써 놓치지 않으려
허우적댈 뿐이다.

발이 땅에 닿지 않는 물속에서
기어이 살아야겠다는 일념으로….

 Contents

작가의 말 4

1. 마음을 공부한다 8
2. 특별한 은혜 11
3. 도(道)를 아십니까? 14
4. 잉여의 죽음 18
5. 진짜 믿음 21
6. 행복과 성취감 24
7. '나'와 '너' 27
8. 애착심(주착심) 30
9. 이해 33
10. 근원적 은혜 35
11. 자유 38
12. 희망 40
13. 좌선, 정신의 휴식 43
14. 개벽(開闢), 새로운 세상 46
15. 부처의 판단, 중도 49
16. 지구가 멸망하더라도 52
17. 스트레스와 성장 54

18. 낭떠러지에서 한 걸음을 57

19. 사이비와 생활종교 60

20. 두 사람(불교와 원불교) 63

21. 진리 66

22. 콩을 심으면 69

23. 계명, 계율, 계문 72

24. 불공하는 법 75

25. 진실한 기도 78

26. 속박 81

27. 마음과 정신(정신수양) 84

28. 일과 이치(사리연구) 87

29. 정의와 불의(작업취사) 90

30. 있음(有)과 없음(無) 93

31. 일념과 일심 96

32. 돌이 든는다 99

33. 염화미소 102

34. 스승님 105

1. 마음을 공부한다

여우는 산을 타며 가시에 찔리고 돌멩이에 걸려
늘 상처투성이인 발이 신경 쓰였다.
여우는 산길을 모두 토끼 가죽으로 깔겠다는 생각을 했다.
그리고 토끼를 닥치는 대로 잡아들였다.
잡혀 온 토끼 중 유독 똑똑한 토끼가 말했다.
"이 산에 있는 모든 토끼를 다 잡아도 부족할 것입니다.
차라리 제 꼬리를 줄 테니 그걸로 신발을 만들어 신으세요."

햇볕이 쨍쨍 내리쬔다. 뜨겁다. 덥다.
해를 욕하는 사람은 없다.
해는 해일 뿐이다.
누구는 양산을 펴고, 누구는 선글라스를 끼고
누구는 그늘에 들어가 앉는다.
해를 없애려는 사람은 없다. '나'를 가리고 움직일 뿐이다.

경계[1]가 있다. 수많은 경계들이 있다.
미운 놈, 꼴 보기 싫은 놈, 이기적인 놈, 말이 안 통하는 놈….
경계를 없애고 경계를 변화시키는 일은 불가능한 일이다.

내 마음을 다스리는 길이 가장 **빠르고** 현명한 방법이다.

원망생활은 상대방을 변화시키려는 마음에서 나온다.
감사생활은 내가 변화하려는 마음에서 나온다.

원망생활을 하면 원망할 일들만 생긴다.
감사생활을 하면 감사할 일들만 생긴다.

원망생활을 할 것인지
감사생활을 할 것인지는 본인의 선택이다.

---

1 원불교 용어로서 나를 둘러싼 모든 것, 내 마음에 변화를 일으키는 원인 혹은 현상을 가리키는 말로 쓰인다.

마음공부가 답이다.
마음공부의 시작은 내가 힘든 '원인'이 아니라 '나'이다.
이미 지나간 일을 어찌할 수 있는 사람은 없다.
어찌할 수 있는 건 '나'이고 '내 마음'이다.

그래서 마음공부가 답이다.

2. 특별한 은혜

은혜는 받는 것이다.

은혜는 특별하지만 특별하지 않다.

눈을 뜨는 순간 은혜다. 살아 있음이 은혜이고,
눈을 뜨겠다는 의지가 은혜다.
살아 있게 만드는 숨이 은혜이고,
무너지지 않는 땅이 은혜다.
지금 생각나는 그 무엇도 내가 만든 것은 하나도 없지만,
무엇 하나도 없어서는 살 수 없는 나이기에 은혜다.
함께 '살아 있음'을 나누는 모두가 은혜이고,
모두가 은혜임이 은혜다.

은혜는 생각하면 분명 있지만,
생각하지 않으면 보이지 않는다.
다른 이보다 '더'라는 욕심이 은혜를 지운다.
다른 이보다 '덜' 받아도 은혜이다.

은혜는 욕심의 크기와 반비례한다.
은혜는 감사를 자양분으로 성장한다.
무엇이든 받았다면 감사하라.
감사하면 더 큰 은혜가 찾아온다.

은혜는 알고 있다.
나는 지금 받지 않은 것을 원망하고 살고 있는지,
받은 것을 과분하게 생각하며 감사하고 살고 있는지.

산타할아버지는 알고 있어도, 오지 않을 수 있지만
은혜는 만드시 온다. 아니,
이미 왔다.

특별하다고 생각하지 않은 것이
아주 특별한 일이다.

3. 도(道)를 아십니까?

도(道)는
행복이고, 물맛이고, 평상심이다.

행복은 '나'가 좋아하는 '상태'에 있는 것을 말한다.
그러면 '나'가 좋아하는 '상태'는 누구나 다를 것이다.
마조히스트들은 누군가에게 학대를 당할 때에 행복을 느끼고,
사디스트들은 누군가를 학대하고 있을 때에 행복을 느낀다.

에펠탑 이야기는 유명하다. 에펠탑이 파리 시내에 세워졌을 때
모든 파리 시민들이 질색을 했다고 한다.
예술의 도시에 무식한 철근 덩어리가
무지막지한 크기로 세워졌으니 그럴 법도 하다.
파리의 모든 곳에서 보이는 에펠탑은
보기 싫어도 보일 수밖에 없는 애물단지였다.
하지만 사람은 무엇이든 익숙해지고,
익숙해진 것을 좋아하게 마련이다.
에펠탑을 보지 않고서는 살 수 없는 파리 시민들은

몇 년이 지나자 에펠탑을 좋아하기 시작했고
지금은 파리의 보물이 되었다.

좋아한다는 것은 의지와 시간과 마음의 앙상블로 시작된다.

'나'가 좋아하는 '상태'는 운명도 아니고 숙명은 더더욱 아니다.
'나'가 느낄 수 있는 행복을 '나'가 만들 수 있다는 이야기이다.
기왕이면 가장 평범하고 가장 손쉬운 '상태'를 선택하자.

콜라도 맛있고 맥주도 맛있지만 물맛만큼 좋은 것이 없다.
물은 가장 평범하고 가장 손쉽게 만날 수 있지만
물 없이는 살 수 없다.

마음도 그렇다.

기쁘고 즐겁고 신나는 마음이 좋은 것 같지만 다 순간이다.
그 시간이 지나면 다시 원래의 마음,

평상의 마음으로 돌아와야 한다.
기쁜 마음, 화나는 마음, 슬픈 마음이 나기 전의 마음.
아무런 감정이 없던 그 마음.

그 마음이 평상심이다.

평상심을 좋아하고, 평상심에 행복할 수 있다면
그것이 도(道)다.

끔찍했던 에펠탑을 좋아하게 된 파리 시민들처럼,
의식도 못 했던 '나'의 평상심을 좋아하고 즐겨서
행복하자.
행복한가?

그대는 도(道)를 성취하였다.

4. 잉여의 죽음

다른 종교에서는 계율에 단호하게 '살생하지 말라' 했는데
원불교는 '연고[2] 없이 살생을 말며'라 했다.

생명은 생명을 죽이지 않고 살 수 없다.
그게 진리이다.
어느 것 하나도 생명을 죽이지 않고는 살 수 없다.
벌레는 미생물을 죽이고, 닭은 벌레를 죽이고,
사람은 닭을 죽이고, 미생물은 사람을 죽인다.
그것이 생태계의 질서이고, 우주자연의 정칙이다.

인산은 과학문명의 발달과 욕망의 과잉으로
'필요한 살생'이 아닌 '잉여의 살생'을 자행하고 있다.
필요 없는 살생이 너무 많아졌다.
나그네쥐는 자신들의 종이 과포화 상태가 되면
집단으로 바다에 빠져 자살을 한다.

---

2 불가피한 이유나 사정

슬프게도 이들이 과포화 상태가 된 건
인간이 여우를 너무 많이 잡았기 때문이다.

사회뉴스의 단골 메뉴인 살인 사건들, 국가 간의 전쟁,
자연재해로 인한 피해, 인류를 위협하는 새로운 질병들.
더 이상 천적이 없어진 인간에게 내려진
결코 어질지 않고, 한 치의 오차도 없는
진리의 인과가 아닌가 생각해 본다.

연고 없는 살생은 '필요한 죽임'이 아니라
'잉여의 죽임'이다.
'잉여의 죽임'은 인류의 종말을 실현시킬지도 모른다.

죽일 수밖에 없는 생명이라면
연고가 있는지 생각해 보자.

방 안에 잘못 들어온 거미를
휴지로 꾹꾹 눌러 죽이지 말자는 이야기이다.

5. 진짜 믿음

'신(信)이라 함은 믿음을 이름이니,
만사를 이루려 할 때에 마음을 정하는 원동력이니라.'[3]

우리는 우리가 모르는 믿음을
의외로 많이 갖고 있다.
만사를 이루려 할 때에 마음을 정하는 원동력이니
얼마나 많은 믿음이 필요하겠는가?
우리가 무엇을 이루었다면
거기에 우리가 모르는 믿음이 있었던 것이다.

우리가 모르는 믿음은
우리의 무의식 속 믿음이기 때문에
믿음인 줄도 모르는 것이다.

나는 지금 이 글을 쓰고 있는 사무실 건물이

---

3 원불교 정전 팔조 진행사조

무너지지 않을 것이라는 무의식 속 믿음이 있다.
혹시 무너지진 않을까라는 의심 따위는 추호도 없다.

내가 지금 있는 이곳이 무너지지 않을 것이라는 믿음,
내가 지금 죽지 않을 것이라는 믿음,
이 무의식 속 믿음이 당연한 믿음은 결코 아니다.
뉴스를 보면 언제든 내게도 일어날 수 있는 일이다.
하지만 이 믿음들이 없다면 불안하여 어떤 일도 할 수 없다.

추호의 의심 따위는 없는 믿음,
너무도 당연하여 무의식 속까지 차지한 믿음,
믿는다는 것은 그런 것이다.
상황과 손익에 따라 변하는 것은 믿음이 아니다.

스스로 자신에게 질문해 보자.
내가 믿는다고 선언한 것들에 대한 믿음이
너무도 당연하여 무의식 속까지 차지하였는지.

6. 행복과 성취감

많은 사람들이 꿈의 달성을 행복이라 믿는다.
많은 청소년들이 아이돌 가수가 되고 싶어 한다.
아이돌 가수가 되면 행복할까?
아이돌 가수가 스스로 목숨을 끊는 요즈음이다.

꿈의 달성은 행복이 아니다.
꿈의 달성은 성취감을 준다.
성취감은 결코 오래가지 않는다.
단순히 성취감에서 끝난다.
성취감은 자극적이다.
또다시 성취감을 얻기 위해
더 달성하기 어려운 꿈을 설정한다.

행복은 성취감이 아니다.
성취감은 순간의 행복일 뿐이다.
지속적인 성취감이란 없다.
성취감은 얻지 못해도 우울하고

얻고 난 후에도 우울하다.

성취감과 상관없이
지속적인 행복은 가능하다.

지금 여기에서 만족감을 느끼는 것이다.
지금 여기에서의 만족감이 행복이다.
이것은 마음의 문제다.
다른 어떤 환경이나 성취의 문제가 아니라
오로지 마음의 안분만이 필요한
극히 쉽지만 극히 어려운 일이다.

행복하고 싶다면
지금 여기에서
그저 마음으로 만족하라.

7. '나'와 '너'

내 몸의 새끼손가락에 '나'라는 이름의 세포가 있다.
내 몸의 엄지발가락에 '너'라는 이름의 세포가 있다.

'나'라는 세포는 '나'를 고집할 때에
결국 작은 세포인 '나'로서 살아갈 수밖에 없다.
'나'라는 세포에게 '너'라는 세포는 아무 상관없는
그저 멀고 먼, 살고 있는지도 모르는 세포일 뿐이다.
하지만 '나'라는 세포가 '나'를 벗어나서
전체를 바라보게 된다면 좀 더 큰일을 하고 사는
'박경전'[4]으로 살아갈 수 있다.
게다가 '너'라는 세포는 없어서는 안 될 소중한
'나'와 연결된 중요한 세포이다.
'나'라는 세포로 살 때에는 '너'라는 세포가 죽거나
괴로움을 당해도 아무 상관이 없다. 왜냐하면,
당장은 '나'에게 피해가 없기 때문이다.

---

4 필자의 이름

하지만 곧 발가락을 잘라 내야 하고 발목을 끊어 내고
다리를 잘라 내게 된다면 '나'는 그제야 느낄 것이다.
'너'라는 세포의 죽음들이 결코 '나'와 무관하지 않다는 것을.

'나'는 '작은 나'이고, '큰 나'는 '박경전'이다.
'너'는 '작은 너'이고, '큰 너'는 '박경전'이다.
'나'와 '너'는 다르지만, '큰 나'와 '큰 너'는 같다.

'나'는 '박경전'이고, '너'도 '박경전'이다.
'박경전'은 세계이며, 우주만유이며, 일원상의 진리이다.

시리아 사람들의 비극이
우리와는 아무 상관이 없다고 말하지 말자.
내 다리가 잘려 나가는 것인지도 모른다.

세포가 꼭 '사람'이라 고집할 필요는 없다.

'나'와 '너'

8. 애착심(주착심)

한 남자가 있다.
남자는 한 여자를 사랑한다고 생각했다.
남자는 여자를 사랑함으로
다른 무엇도 눈에 보이지 않는다.
눈부신 아침 햇살도,
새들의 지저귐도,
미슐랭 별 다섯 개의 음식도,
넋을 잃을 것만 같은 천혜의 자연경관도,
여자가 옆에 있기에 아름답다.

한 여자가 있다.
여자는 한 남자를 사랑했다.
여자는 남자를 사랑하지만
다른 많은 것들 역시 사랑한다.
눈부신 아침 햇살을,
새들의 지저귐을,
미슐랭이 아니어도 맛있는 음식을,

조금만 주의를 기울이면 눈앞에 펼쳐지는
언제나 스스로 그러한 자연의 경관을
모두 사랑한다.

남자는 여자가 떠나면 모든 것을 잃는다.
여자는 남자가 떠나도 많은 것이 남는다.

남자는 집착을 했고
여자는 사랑을 했다.

가인(歌人) 김광석이 말했다.
너무 아픈 사랑은 사랑이 아니었음을.

애착심은 하나를 얻고 다른 모든 것을 잃게 만든다.

애착심은 하나마저 잃게 만든다.

하나는 모든 것과 통해야 진정한 하나다.
애착심을 버려야 진정한 하나를 얻을 수 있다.

9. 이해

우리는 이해를 내 입장에서 하려 한다.

나라면 저렇게 안 할 텐데.
나라면 이렇게 할 텐데.
그러니 상대방이 이해가 되지 않는다.

우리가 상대방을 온전히 알 수는 없다.
상대방이 무슨 일이 있었는지.
어떤 트라우마를 가지고 있는지.
어떤 의도인지 온전히 알 수 없다.

이해를 했다고 하는 말은
결국 내 입장에서 납득이 간다는 말이다.
인간은 이기적이다.
이기적인 선택을 이해라고 생각하지 말자.
너를 이해했다는 그 말은
나를 위해 어쩔 수 없이 널 납득하기로 했다는 말이다.

이해는 너의 입장에서 하는 것이다.
하지만 너를 알 수 없으니 네가 될 수 없다.

너를 부처로 생각하는 것이 가장 쉬운 방법이다.
알 수 없으니 부처이다.
부처는 내가 알지 못하는 모든 존재를 지칭한다.

이해는 처처불상[5]이다.

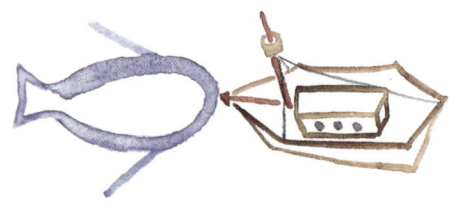

---

5 '곳곳이 부처님'이라는 뜻으로 모든 대상이 부처라는 말이다.

10. 근원적 은혜

누구나 특별한 은혜를 원한다.

특별한 은혜는 다른 사람들과 공유하지 않고
나에게만 쏟아지는 은혜다.

누군가에게 선물을 받았을 때
나 말고 다른 사람들도 똑같이 받았다면
감흥이 떨어지는 것이 우리들 마음이다.
특별하지 않으니 은혜라는 생각도 들지 않는다.

특별한 은혜는 근원적 은혜가 아니다.
올 수도 있고, 오지 않을 수도 있다.
은혜가 해(害)로 변하기도 한다.
은혜라고 생각했던 일이 도리어 원망의 씨앗이 되기도 한다.

정말로 큰 은혜는 근원적 은혜다.
근원적 은혜는 누구에게나 쏟아지며, 떠나지 않는 은혜다.

근원적 은혜는 항상 나와 함께 존재하며, 변하지 않는다.
근원적 은혜는 우리가 은혜라고 생각하지 못한 것들이다.
근원적 은혜는 사건으로 일어나는 일이 아니라
나를 둘러싼 존재하는 모든 것들이다.

지금 내가 살아 있음에 꼭 필요한 모든 것들이 은혜다.
천지, 부모, 동포, 법률
없어서는 살지 못하는 근원적인 은혜를 알고 살아야 한다.
근원적인 은혜를 알지 못할 때, 특별한 은혜를 찾게 된다.

잘 생각해 보자.
내가 바라는 특별한 은혜가
내가 살아가는 데 꼭 필요한 은혜인지.
꼭 필요한 은혜투성이에 살고 있으면서도
필요하지도 않은 특별한 은혜를 갈망하고 있는지.

모든 것이 은혜라 말씀하신 대종사의 뜻은
나를 둘러싼 근원적 은혜를 자각하라는 말이다.

11. 자유

아주 옛날의 풍경 하나를 떠올려 보자.
냇가에서 아기 엄마가 빨래를 하고 있다.
아기는 둘이다. 갓난아이는 엄마가 포대기로 등에 업고
돌이 지난 아이는 허리춤을 끈으로 묶어 나무에 묶어 놓았다.
돌이 지난 아이는 끈의 길이만큼만 움직일 수 있다.
엄마는 빨래를 해야 하고, 아이는 자꾸 물에서 놀려고 하니
어쩔 수 없이 생각해 낸 묘안이다.
아이는 엄마에게 가고 싶다.
아이는 엄마가 있는 냇가로 가고 싶다.
아이는 엄마가 있는 냇가에서 물놀이를 하고 싶다.
아이에게 끈은 속박일까?
아이가 빨래를 하고 있는 엄마를 보며 서럽게 운다.

자유란 그런 것이다.
신뢰와 역량을 갖추지 못하면 결코 얻을 수 없다.
신뢰와 역량이 없는데 생긴 자유는
자유가 아니라 방종이며 치명적인 위험이다.

자유롭고 싶다면 성장하라.
부처가 된다면
그곳이 불지옥일지라도
한없이 자유로울 것이다.

12. 희망

십 년도 더 지난 영화 '청춘'에서 주인공 젊은이들이
서정주의 시 '내리는 눈발 속에서는'을 외우는 장면이 있다.
자신들의 우울하고 답답한 청춘을 위로하는 모습이다.

"괜,찬,타,⋯ 괜,찬,타,⋯ 괜,찬,타,⋯ 괜,찬,타,⋯
수부룩이 내려오는 눈발 속에서는
까투리 메추래기 새끼들도 깃들이어 오는 소리⋯"

'괜,찬,타,'라는 구절을 나지막이 읊조리다 보면
어느새 내 마음이 차분해지는 걸 느낀다.

내가 '괜찮다'라고 하는 것은
모든 것을 포기한 자위의 '괜찮다'가 아니라,
그럼에도 불구하고
이 세상은 희망이 있다는 바람의 '괜찮다'이다.

대종사는

"희망이 있는 사람은 어떠한 절망적인 상황에서도 살아날 수 있지만 희망이 없는 사람은 불보살이 와도 어찌할 수 없다"고 말씀했다.

우리에게 늘 희망은 인색하였지만 한 번도 없었던 적은 없다.
인색했던 것도 희망을 가진 사람이 적었을 뿐이리라.
늘 곁에 있는 희망은 아마도
우리가 찾아 주기를 애타게 기다리고 있을 것이다.

괜,찬,타,… 괜,찬,타,… 괜,찬,타,
다시 한번 모두 다 괜·찬·타!

13. 좌선, 정신의 휴식

하기 전부터 어렵다.
어렵다는 생각이 가득 차 있다.
좌선 같은 건 출가 수행자들이나 하는 거라고
내 마음속에 정의해 놓았다.
틀렸다.
다른 것이 아니라 틀린 거 맞다.

앉아 있고, 일 없으면 좌선을 하자.
새벽 다섯 시에 못 하니까 틈틈이 하자.

'좌선의 방법은 극히 간단하고 편이하다'[6]고 했는데
나한테는 간단하지 않다. 편이하지 않다.

두 가지만 기억하자.
숨은 단전으로, 생각은 없음으로.

---

6 원불교 정전, 좌선법 中

두 가지만 외우자.
숨은 단전으로, 생각은 없음으로.

우리들 중생들은
몸뚱이는 끔찍이 생각하면서도
정신은 혹사시키기를 즐기는 경향이 있다.
잠들 때까지 놓지 못하는 스마트폰에서부터
온갖 잡다한 스트레스를 오롯이 정신이 견디고 있다.
정신은 휴식이 필요하다.
잘 때가 휴식이 아니냐 할 테지만
기억 못 할 뿐 꿈을 꾸느라 쉬지 못한다고 한다.

좌선으로
정신을 쉬게 해 주자.
비밀은 아니지만, 사실 좌선은 몸에 더 좋다고 한다.

몸 생각하듯 정신도 쉬게 해 주자.

앉아 있든 서 있든, 일이 있든 없든
내 정신을 위해 좌선을 하자.

14. 개벽(開闢), 새로운 세상

'물질이 개벽되니 정신을 개벽하자'[7]

열리고 열린다.
대종사의 말씀에 따르면, 물질은 이미 열리고 열리었다.
정신이 열리고 열린다는 건 무엇을 말하는 걸까?

문(門)은 닫기 위해 만들어진 물건이다.
집주인의 호불호에 따라 들어올 수 있는 것과
들어오지 못하는 것을 가리기 위한 것이다.
열린 문으로는 무엇이든 들어온다.
이유는 열려 있기 때문이다. 주인의 호불호는 필요 없다.

호불호는 편견과 고정관념이다.
편견과 고정관념이 없는 열린 문의 집은 아주 커야 할 것이다.
무엇이든 다 들어와야 하니 보통 커서야 되겠는가?

---

7 원불교 개교 표어

열리고 열린 정신은
분별성(편견)과 주착심(고정관념)이 없는 경지의 두렷하고 고요한 마음이다.

두렷하고 고요한 마음은 끝이 없고
두렷하고 고요한 마음은 경계가 없고
두렷하고 고요한 마음은 미추가 없고
두렷하고 고요한 마음은 …마음이 없네.

사실 개벽은 1900년대 전후 민중들의 바람이 녹아 있는 용어다.
하늘과 땅이 맷돌처럼 맞닿아 낡고 썩은 것들을 갈아 없애고 새로운 세상이 시작되기를 열망했던 것이다.

새로운 세상의 열망은
누군가에겐 포교의 미끼가 되었고,
누군가에겐 혁명의 불씨가 되었고,

누군가에겐 덧없는 말장난일 뿐이라 여겨졌고,
소태산 대종사에겐 자기구원의 열쇠라는 확신을 안겨 주었다.

새로운 세상은
내 정신의 개벽이 시작이다.
내 정신의 개벽이 완성이다.
내 정신의 개벽이다.

15. 부처의 판단, 중도

버스 기사가 한 할머니를 기다린다.
할머니는 장에 나가 팔 짐보따리를 머리에 이고
양손에도 짐이 가득이다.
할머니가 버스까지 오려면 십 분은 걸릴 것이다.
이곳은 너무 촌 동네여서
다음 버스가 오려면 한 시간은 더 기다려야 한다.

버스 기사는 고민한다.
할머니를 기다려야 하는지,
이미 시간이 지났으니 그냥 가야 하는지.
버스 기사는 승객들에게 양해를 구하고
할머니를 기다리기로 한다.
할머니의 이마에 맺힌 땀과, 연신 고맙다는 인사에
버스 기사는 뿌듯하다.

단지 그 순간에 충실한 것.
이것이 우리들의 인식과 결정 행동이다.

부처는 그다음 정거장의 사정까지 본다.
다음 정거장에서 버스가 정확한 시간에
올 것이라 기대하는 사람들,
꼭 제시간에 버스를 타야만 하는 사정들.
부처와 성현은 한편에 치우치지 않는다.
가끔은 냉혹하다는 오해를 받기까지 한다.
부처와 성현은 대중의 평가에 연연하지 않는다.
오직 중도(中道)의 길을 행할 뿐이다.

역사의 평가는 시대에 따라 다르다.
그때는 선이었지만 지금은 악으로 평가받는 일이 있다.
그때는 악이었지만 지금은 선으로 평가받는 일도 있다.
역사의 평가 역시 결국 우리들의 눈과 같다.
어느 때는 맞고 어느 때는 틀리다.
굳이 평가할 수 있는 이를 찾는다면 또 다른 성현일 뿐이다.
부처와 성현의 중도행은 평가와 무관하다. 평가 위에 있다.

그저 묵묵히 행할 뿐이다.

16. 지구가 멸망하더라도

인연은 진행형의 단어이다.
인연의 완결형 단어는 인연과(因緣果)이다.
다시 인연과는 완결형의 단어이자 진행형의 단어이다.
인(因)을 심고 연(緣)을 만나 결과(果)를 얻는다.
그리고 결과는 다시 인이 된다.

우리는 인을 심고 연을 기다리는 자세가 필요하다.
기다림은 조급할 필요가 없다.
그것은 그럴 수밖에 없는 상황과 무르익을 시간이 필요하다.
과는 생각할 필요가 없다.
그것은 인과 연의 작용으로 인한 결과이다.
우리가 관여할 수 있는 영역이 아니다.
우리가 집중해야 하는 것은 오로지 인이다.
어떤 인을 심을 것인가 주의해야 한다.
그리고 연을 기다리는 인내심을 기르자.

스피노자는 내일 지구가 멸망해도 사과나무를 심겠다고 했다.
그것이 인을 심는 자의 자세이다.
스피노자는 사과나무만을 지칭하는 것이 아니라
오직 인을 심는 일에 집중하고 주의하겠다는 말이다.

나는 지금 여기서
은혜의 나무를 심겠다.
은혜의 인을 꼭 심겠다.
지구가 멸망하더라도.

17. 스트레스와 성장

우리는 고통을 싫어한다.
현대인의 고통은 스트레스다.

스트레스가 생겼을 때 그냥 지나치면 안 된다.
참으면 병 된다.
사라진 것 같아도 쌓여 있을 뿐이다.

해결해야 한다.
부딪치는 일들을 미리 준비하고 연마하여
정의에 맞게 취하고 버리는 결정을 해야 한다.
그러기 위해선 평소 정신을 수양해야 하는 것이 기본이다.

스트레스가 왔을 때
우리가 성장할 수 있는 절호의 기회이다.

바닷가재는 껍질이 자라지 않는다.
살이 차올라 죽을 만큼 고통이 느껴지면(스트레스가 생기면)

바위 속으로 들어가 껍질을 깨버리고
새로운 껍질을 만든다.
살이 차오를 때마다, 고통을 느낄 때마다
몇 번이든 껍질을 깨버리고 새로운 껍질을 만든다.
바닷가재는 그렇게 성장한다.

스트레스가 생길 때
고통이 왔을 때
마음공부(삼학공부[8])를 한다면
우리는 기어이 성장을 한다.

번뇌가 곧 보리다.

---

8 원불교 수행의 방법: 정신수양, 사리연구, 작업취사

18. 낭떠러지에서 한 걸음을

'무욕을 욕망하는 어리석은 멍청이입니다.
제 말에 속지 마세요.'
한때 나의 이메일이나 SNS의 자기소개였다.

정말로 그랬다.
'욕심 없음'을 격하게 욕심부렸다.
초보자는 그런 것이다.
잡념이 들면 무심을 생각해야 한다.
무심을 생각한다는 것 자체도 잡념이겠지만
그래도 기어이 무심을 생각하고 집중해야 한다.

말이 안 되는 것 같아도,
모순이라 하여도,
어리석은 멍청이가 되어도,
<u>스스로</u> 행하고,
<u>스스로</u> 좌절하고,
<u>스스로</u> 끝을 보아야,

진급이란 선물이 찾아온다.

주저하고 고민하면
결국 하지 않는 걸 선택하게 된다.
초보자이기 때문이다.
초보자는 고민하는 순간
다른 많은 비상구를 만들어 낸다.
초보자이기에 잘 알지도 못하지만
초보자이기에 확신을 하고 만다.

낭떠러지에서 아무리 고민을 해도
낭떠러지이다.
한 걸음을 내디딜 때
무슨 일이 일어나도 일어난다.

용기 있게 한 걸음을
내딛자.

물론 대종사가 밝혀 놓은

교법대로 말이다.

19. 사이비와 생활종교

기억을 더듬어 보면 원불교를 생활불교라 칭하던 때가 있었다.
생활종교라는 말이 더 좋겠다.
생활 속에 활용되는 종교.
얼마나 아름다운 종교의 이름인가.
미디어에 노출되는 종교 소식의 거개는, 신도들의 소중한 생활을
볼모 삼아 탐욕의 주린 배를 채우고,
온갖 거짓과 패악으로 점철되어 있다.
사이비 종교는 신도들의 모든 것을 종교에 바치라고 한다.
진정한 종교는 종교의 모든 것을 활용하여
신노늘의 삶에 도움이 되도록 만늘라고 한다.
생활은 삶 그 자체다.
진정한 종교와 사이비 종교의 차이는
삶(생활)이 종교에 이용되는지,
종교가 삶(생활)에 활용되는지의 차이다.

원불교는 생활종교이다.
원불교를 믿고 배우면 교도들의 삶에 도움이 된다고 주장한다.

혹, 도움이 되지 않는다면, 믿지 않으면 될 일이다.

만일, 어떤 원불교에서 원불교를 위해 당신의 삶(생활)을
바치라고 한다면 그건 가짜다. 원불교가 아니다.

소태산 대종사는 원불교의 교세 확장을 이야기하지 않았다.
모든 생명이 각자가 서 있는 그 자리에서
원망과 탐욕의 지옥 생활을 버리고
감사와 은혜의 낙원 생활을 수용하기를 바랐다.

20. 두 사람(불교와 원불교)

이천여 년의 시간 터울을 두고
두 사람이
같은 진리를 보았다.
같은 진리를 보았으니
같다고 하면 같고
다른 두 사람이 보았으니
다르다고 하면 다르다.

먼저 본 사람의 진리는
오랜 시간과 공간과 사람의 조화로
더 깊어지기도, 더 수려해지기도
혹은 왜곡되어지기도 하였다.
나중 본 사람의 진리는
먼저 본 사람을 보감 삼아
뺄 건 빼고, 더할 건 더하였다.

같은 진리를 보았지만
강조한 부분은 달랐다.

먼저 본 사람은
'일체가 다 고통이라(一切皆苦)' 하여
그 고(苦)를 끊자 하였고,
나중 본 사람은
'온통 은혜라' 하여
그 은혜를 갚자 하였다.

컵에 물이 딱 절반이 남아 있다.
'절반밖에 안 남았네'와 '절반이나 남았네'처럼
똑같은 물에 대한 다른 표현이다.

자, 이제 우리가 할 일은
컵의 물을 시원하게 마셔 버리는 것이다.

모로 가도 서울만 가자.

21. 진리

진리는 코끼리다.
우리는 장님이다.

다리를 만진 장님이 있고
꼬리를 만진 장님이 있고
귀를 만진 장님이 있고
코를 만진 장님이 있다.

다리를 코끼리라고 말한다.
꼬리를 코끼리라고 말한다.
귀와 코가 코끼리라고 말한다.

다 맞다.
그런데 그게 전부는 아니다.
그게 코끼리는 아니다.

설령, 다리와 코와 귀와 꼬리 모두 만져 보고
눈을 뜨고 전체를 보았을지라도,
코끼리를 아무리 정확하게 설명하고 보여 줘도,
그게 진짜 코끼리는 아니다.

맞다, 틀리다를 이야기하는 게 아니다.
다 맞고, 다 틀리다.

코끼리는 지금 내가
타고 있다.
그러면 된 것이다.
지금 내가 타고 있는 코끼리가
진리이다.

22. 콩을 심으면

콩을 심으면 콩이 난다.
콩을 심으면 콩이 난다는 것은 인과(인과보응)의 이치이다.

그저 콩만 심으면 콩이 날까?
발육이 가능한 좋은 콩을 골라야 하고,
콩이 날 수 있는 환경의 땅을 골라야 하고,
적당한 양의 수분이 필요할 테니
적당한 양의 비가 내려야 하고,
너무 뜨겁지도, 너무 그늘지지도 않는
적당한 태양의 빛이 필요하고,
내가 모르는 수많은 요소의 작용이 필요하고,
콩이 싹을 틔우고 허망하게 죽지 않는
인고의 시간이 지나고 나서야
한 줌의 콩이 날 것이다.

우리는 인과보응의 이치를 너무 단순하게 생각한다.
그저 콩을 심으면 콩이 나는 줄 아는 것처럼.

음양상승이란 말이 있다.
음이 가득 찼을 때 양이 생겨나고,
양이 차오를 때 음은 소멸해 가고,
양이 가득 찼을 때
소멸한 음이 다시 생겨나는 것을 말한다.

음과 양은 시간과 질서의 조화로운 이치 속에서
상승과 하강을 되풀이한다.

인과보응의 이치는
→ 공을 심으면 공이 나는 이치는
음양상승과 같이 되는 줄을
→ 콩을 심는다고 콩이 그냥 나는 것이 아니라
시간과 질서의 조화로운 이치 속에서 나는 줄을

알아야 한다.

23. 계명, 계율, 계문

보통급 십계문 2조 도둑질을 말며,
보통급 십계문 6조 악한 말을 말며,
이 두 조항의 무게는 같다.
도둑질을 하면 사회적으로 법적 제재를 받고
악한 말을 하면 그저 지탄을 받는다.
우리는 계문의 무게를 사회적 잣대에
맞추려는 경향이 있다.
사회적으로 죄라 여기는 계문을 더 무겁게 생각한다.
하지만 똑같은 보통급 계문의 조항이다.

똑같이 무겁게 죄책감을 가지라는 말이 아니다.
계문은 죄책감을 가지라고 만든 것이 아니다.

계문은 인지의 여부를 위해 만든 것이다.
내가 한 행동이 계문에 있는 조항인지,
계문의 조항을 어기고 살고 있는지,
얼마나 자주 계문을 범하고 살고 있는지

인지하는 것이 중요하다.

인지로 끝나는 것도 아니다.
인지하였으면 고쳐 나가는 것이다.
빈번한 횟수를 조금씩 줄여 나가고
가끔 저지르는 계문은 아예 없어지도록.

계문은 죄책감을 갖는 것이 중요하지 않다.
죄책감은 오히려 기록 의지에 저해된다.

계문은 범과 유무를 기록하는 것이 중요하다.

죄책감은 놓고 하루 일과를 마무리할 때
꼭 체크하는 습관을 들이자.
체크를 해야 알 수 있고
알면 고칠 수 있다.

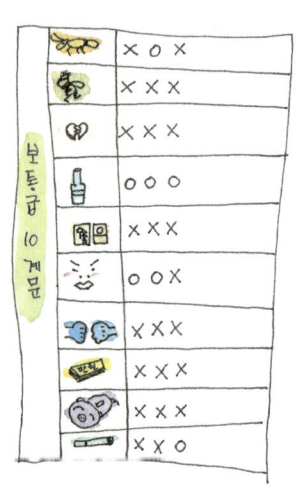

24. 불공하는 법

소태산 대종사는
우주만유는 곧 법신불의 응화신이니,
당하는 곳마다 부처님이요(처처불상),
일일이 불공(사사불공)이라,
이것이 사실적인 동시에 반드시 성공하는
불공법이 될 것이라 말씀하셨다.
또, 구체적 방법으로
그 일의 성질을 따라
적당한 기한으로 불공을 하는 것이
사실적인 동시에 반드시 성공하는 법이라 하였다.

소태산 대종사가
이렇게 확신에 찬 말투로 호언장담한 법문은
그리 많지 않다.

원불교 표어에도 있다.
처처불상, 사사불공.

당하는 곳마다 부처님이라 했다.
모두가 부처라는 강박관념은 필요 없다.
우리는 늘 모두가 부처라고 노래를 하지만
미운 사람은 미울 수밖에 없다.
내가 당할 때만이라도 부처님 생각을 하자.
왜 그런지 묻지 말고 소태산 대종사를 믿자.
내가 당하는 곳의 그 사람이 부처님이니
적당한 기한으로 불공을 계획하자.
한 번 불공한다고 효과가 나타나면 그건 사기다.
효과가 나타날 만큼의 기한을 잘 생각해서
그 일에 맞는 불공을 드리자.

먼 훗날
'내 삶은 온통 불공이었다'라고
고백하는 날까지.

불공하는 법

25. 진실한 기도

당신의 건강을 위해 기도드리겠습니다.
당신의 평안을 위해 기도드리겠습니다.
살면서 누군가에게 쉽게 했던 말들이다.

그런데 정말 기도를 해 주었던가?
잠깐의 생각 정도로 그치진 않았는지.

그저 마음을 모으는 것만으로 기도가 되는 사람들도 있다.
오랜 시간 철저하게 기도 식순에 따라 기도생활을 한 사람들이다.
삶 자체가 기도로 승화한 성현들일 것이다.

대산종사[9]는
기도를 할 때 일백골절에 다 힘이 쓰이고
골수가 다 빠져나갈 정도로 정성이 필요하다 했다.

---

[9] 원불교 3대 종법사

대종사[10]는
거짓된 심고와 기도를 하면
사은의 위력으로써 죄벌이 있다 했다.

당신의 건강을 위해 기도드리겠다고 했으면
정말로 기도를 드리자.
일원상 앞에 무릎 꿇고 입정과 독경을 하며
간절하게 기도를 드리자.

그 사람을 위한 기도이지만
법신불 사은과 나와의 만남이기도 하다.
법신불 사은 앞에 부끄럽지 않도록 하자.
일백골절에 다 힘이 쓰이고 골수가 빠져나갈 정도로
정성을 다하여 법신불 사은과 만나자.

기도는 법신불 사은과의 부끄럽지 않은 만남이다.

---

10 원불교 교조

26. 속박

수도인이 최후까지 버리지 못하는 속박은
수도를 해야 한다는 사실이다.
불제자가 최후까지 버리지 못하는 속박은
부처님의 말씀이다.
예수가 최후까지 버리지 못했던 속박은
하나님이다.

최후의 단계는 그 속박을 깨버리는 것이다.

부처를 만나면 부처를 죽여야 한다는 말이 그 뜻이다.
목불을 아궁이에 넣고 볼기짝을 데우던
스님은 부처의 속박에서 벗어났다.
예수는 십자가에 못 박혀 죽을 때에
엘리 엘리 라마 사박다니(아버지 왜 저를 버리시나이까)를
세 번 외치고 "다 이루었다" 하며 죽었다.
아버지 하나님에 대한 속박에서 벗어난 것이다.

누군가 동그라미 그 자체가 진리라고 주장한다.
우리의 성품이, 우리 자신이 일원상인 줄 알아야 하는 것은 맞지만
결국 마지막에는
일원상이라는 속박에서도 벗어나야 한다.

대종사는
'원래에 분별 주착이 없는 각자의 성품을 오득'해야 한다고 했다.
그 어떤 성스러운 것이라도 성품(깨달음)의 자리에서는 분별 주착이다.

아, 나는 대종사의 말씀에 속박되어 있다.
다행인 것은 나는 아직 최후의 단계가 아니다.
이제 막 공부를 시작했으니
대종사 말씀에 철저히 속박되어 살아갈 것이다.

27. 마음과 정신(정신수양)

정신이란 단어의 쓰임은 주로
'정신을 차려라, 정신이 빠졌다, 정신이 나갔다, 정신없는' 등
으로 쓰인다.
쓰이는 말에서 알 수 있는 건
정신이란 이미 완성된 단계를 말한다는 것이다.

소태산 대종사는
'정신이라 함은 마음이 두렷하고 고요하여
분별성과 주착심이 없는 경지를 이른다'고 했다.

두렷하고 고요하다는 것은 '적적성성'이다, 라고 하면
더 어렵다.
두렷하다는 것은 한순간도 놓치지 않고 인지가 된다는 뜻이며
고요하다는 것은 감정에 휩쓸리지 않는다는 것이다.

분별성은 분별에서 한 발짝 더 나아가려는 성향을 말한다.
빨간색을 아는 것이 분별이고, 빨간색은 좋아, 라고 하는 것이

분별성이다.

주착심은 빨간색이 좋다며 빨간색만을 고집하는 것이다.

마음이 정신의 단계에 이르지 못하면
경계[11]의 파도에 휩쓸려
가패 신망도 하며, 염세증도 나며, 신경 쇠약자도 되며,
실진자도 되며, 자살에 이르기까지 한다.

안으로 분별성과 주착심을 없이하며 밖으로 산란하게 하는
경계에 끌리지 아니하여 두렷하고 고요한 정신을 양성하는
공부를 오래오래 계속하자.

---

11 일상생활 속에서 부딪치게 되는 모든 일들. 나를 주관이라고 할 때 일체의 객관
이 경계가 된다.

28. 일과 이치(사리연구)

사리(事理)는 일과 이치이다.
일은 인간의 시비이해이고
이치는 천조의 대소유무이다.

늘 말하지만 어렵다.
어렵지만 공부해야 한다.

일은 우리의 생활이다. 우리의 생활 속에서
일어나는 모든 것들이 일이다.
이치는 진리이다. 우주만유가 호리도 틀림없이 운행되는,
포함되지 않는 것이 없는 모든 것들에 내재한 법칙이 이치
이다.

일은 생활이며, 이치는 진리이다.

생활과 진리를 공부하는 것이 사리연구이다.

우리의 생활 속에서 진리를 발견하고
진리를 우리의 생활 속에서 활용하는
원불교만의 공부법인 것이다.

원불교인의 지혜는
결코
생활을 벗어나지 않고
진리를 떠나지 않는다.

29. 정의와 불의(작업취사)

우리가 눈 귀 코 입 몸 마음으로 행하는 모든 것을
업을 짓는다(작업)라고 한다.
업을 지으면, 그 지은 것에 대한 결과를 얻게 된다.
밥을 먹으면 배가 부르고,
시간이 지나면 배설을 해야 하듯
호리도 틀림없는 인과의 시간이 오는 것이다.

인과의 인은 작업(作業)이다.
물론 인과의 과는 우리가 생각하는 것만큼 단순하지는 않다.
착한 일을 하면 복을 받는다라는 단순한 문장에는
착한 일에 대한 무수히 많은 요소에 따라
다른 결과를 가져올 것이고,
복의 종류도 수가 없으며,
그 시기 또한 많은 요소에 의해 좌우될 것이다.
하지만 착한 일을 하면 복을 받는다라는 명제는 변함이 없다.
그것이 어떤 복이건, 언제 받는 복이건 분명 복을 받는다.
인이 있다면 과가 있는 것이 진리이다.

과를 어떻게 받는가는 인에 달려 있다.
업을 어떻게 짓는가에 달려 있다는 말이다.

누구나 원하는 것은 복을 받는 것이다.
선업을 짓고 악업을 버리는 것이다.
그러기 위해서는 취사(取捨)를 해야 한다.
정의는 취하고 불의는 버리는 것이다.

정의는 무엇이고 불의는 무엇인가.
단순하게 생각하자.
한 사람도 빠짐없이 모든 이가 옳다 하는 것이 정의이며
한 사람도 빠짐없이 모든 이가 그르다 하는 것이 불의이다.

정의라면 기어이 취하고
불의라면 기어이 버리는
실행 공부를
기어이 하자.

30. 있음(有)과 없음(無)

무엇이든지 시작이 있을 것이다.

과거를 되짚어 나가면
시작점이 있다.

나무의 과거는 씨앗이고, 씨앗의 과거는 나무이다.
닭은 달걀에서 나왔고, 달걀은 닭에서 나왔다.
무엇이 시작인가?
진화론자의 입장에서 본다면 모든 것의 시작은
결국 원시의 최초의 생명체이거나 가장 최초의 무엇일 것이다.
그리고 그 최초의 무엇의 시작은
결국 무(無)다.

시작점은 무(無)다.
그것이 신이라 할지라도 시작점은 무(無)다.

무(無)의 시작점은 무엇인가?

무(無)는 존재하는 무엇이 아니기 때문에
시작점이라는 것을 유추할 수 없다.
무(無)는 어떠한 정의도 내릴 수 없는
무(無)의 성질을 가진 무(無)이다.
없을 무는 무(無)의 대표적 특징 중 하나의 설명일 뿐이다.
무(無)는 없다는 말로는 부족하다.
무(無)는 말 그대로 무(無)다.
진리의 절반을 나타내는 엄청난 뜻이란 것 정도만
유추할 수 있을 뿐이다.

유(有)는 '모든 것'이란 정의에 해당하는 모든 것이다.
'나'도 모든 것이다. 무엇을 생각하든 모든 것이다.
모든 것이니 내가 다 알고 있다 착각하지 말자.
'모든 것'은 내가 모르는 것도 모든 것이다.

어려우면 게송을 읽자.

유는 무로 무는 유로 돌고 돌아 지극하면
유와 무가 구공이나 구공 역시 구족이라

참 좋다.

31. 일념과 일심

일념은 하나의 생각이고
일심은 하나의 마음이다.

간혹, 무엇인가에 집중할 때 '일심'이라는 말을 쓸 때가 있다.
일념과 일심을 혼동하는 경우다.
일념과 일심은 다르다.

일념은 천만 가지로 흩어진 정신을
하나의 생각에 집중하는 것이다.
그 하나의 생각 역시 버려야 할 생각이다.
나무아미타불이 남아 있다면 삼매에 들어갈 수 없다.

일심의 일(一)은 숫자로서의 개념이 아니다.
모든 것을 포함하면서
오직 그 자체로 홀로 존재하는 일이다.

심(心)은 의식으로서의 마음이 아니다.
지극히 텅 비어 완벽한 무와 같은 상태이지만
우주만유가 출입하는 존재 또는 상태,
그 무엇이라고 말할 수 없는 무엇이다.

무엇이라고 말할 수 없는 무엇.

이런 말도 안 되는 말을 하고 있다 보면
스승님들의 깊고 고요한 침묵이 여간 부러운 게 아니다.

집중하고자 하는 마음은 일심공부가 아니라 일념공부다.
일심공부는 진리와 우주와 하나가 되는 공부다.

━━━━━━━━━━━━━━━━━━━━━━

32. 돌이 듣는다

돌이 서서 물소리를 듣는다.
돌은 진공(眞空)이다.
돌은 공적(空寂)이다.
돌은 완벽한 '무(無)'다.
진리는 '없음'의 뜻보다 크다.
'없음'으로만 끝난다면 진리가 아니다.
진공이며 공적이며 완벽한 '무(無)'의 돌이
물소리를 듣는다.
물소리를 듣는 것은 무엇인가 '있다'는 말이다.
묘하게 있는 것이다.
신령스러운 앎이다.

사람도 마찬가지다.
사람도 진공이고 공적이고 완벽한 '무(無)'다.
진공이고 공적이고 완벽한 '무(無)'인 사람이
물소리를 듣는다.
얼마나 신기하고 묘한 일인가.

얼마나 신령스러운 앎이란 말인가.

귀를 잘라서 계곡에 놓아도
물소리를 듣지 못한다.
그저 '무(無)'일 뿐이기 때문이다.
묘유가 없다. 원상이 있어야 묘유가 생긴다.

돌이 물소리를 들을 리 없다.
돌은 그저 '무(無)'일 뿐이기 때문이다.
돌은 소태산 대종사님이다.
소태산 대종사님이 물소리를 들으니
완벽한 진공묘유, 공적영지,
무무역무무, 비비역비비가 완성되었다.

그러면 돌은 진공만 있고 묘유가 없나?
돌의 속성을 비유했을 뿐이다.
돌 그 자체로 나타난 것이 묘유이며 영지다.

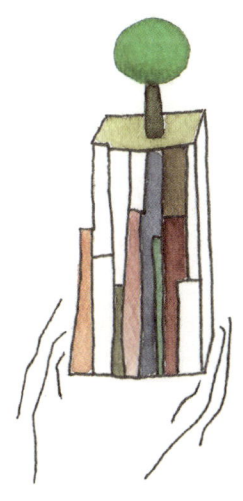

33. 염화미소

세존이 연꽃을 들어 대중에게 보였을 때 마하가섭만이
그 뜻을 깨달아 미소를 지었다는 데서 유래한다.
국어사전을 보면
'마음에서 마음으로 전하는 일'이라 한다.
가섭이 세존의 뜻을 마음으로 알았다는 데 초점이 있다.

틀렸다. 가섭이 알았든 몰랐든 중요하지 않다.
마음에서 마음으로 전했는지 어쨌는지 모른다.
그건 중요한 게 아니다.

세존이 연꽃을 들었다는 게 중요하다.
가섭이 왜 웃었는지가 중요하다.
연꽃을 들어 올린 사실이 핵심이다.

세존은 허공에 연꽃을 들어 올렸다.
허공은 공적이고 진공이다. 연꽃은 영지이고 묘유이다.
그러니까 세존은 진리를 직접 들어 올렸고

가섭은 그걸 이해하고 웃은 것이다.

아무것도 없고, 또 아무것도 없는,
없고 없고 없고 없는 그것에
생명이 있고, 또 무엇이든 있는,
있고 있고 있고 있는 그것이
진리이고, 공적영지이고, 진공묘유이다.

세존은 공적영지를 들어 올리고
세존은 진공묘유를 들어 올리고
세존은 진리를 들어 올렸다.

연꽃이 아니라 그 무엇이라 해도 상관없지만
연꽃이 아니었다면
이렇게 아름답고 극적인 풍경은 나오지 않았으리라.

허공에 들어 올려진

우리들도

꽃이다. 아름다운 꽃이다.

34. 스승님

살아야 한다! 살아(殺我)야 한다!
스승님을 통해
내가 살아(殺我)야 한다.

무아(無我)는 말처럼 쉬운 일이 아니다.
어디서든 '나'가 튀어나오기 마련이다.
세상은 스스로 그러한 상태이지만(自然)
'나'는 옳고 그름을 이야기한다.
무엇이 옳고, 무엇이 그른가?
'나'에게 옳고, '나'에게 그르다.
불구부정(不垢不淨).
'나'에게 깨끗하고, '나'에게 더럽다.
인간이 간사하고 이기적인 것은
쉽사리 '나'를 버리지 못하기 때문이다.
팔십 먹은 노인도 버리지 못한다는 명예욕은,
결국 '나'를 버리지 못했다는 말이다.

스승님이 있다면 이야기가 달라진다.

스승님의 말씀에 '나'를 죽일 수 있어야 한다.

스승님이기에 가능하다.

스승님의 말씀을 거역하는 제자는 제자가 아니다.

스승님이 아니라 '나'를 따른 것이기 때문이다.

스승님으로 모시지 않은 것이다.

어김없이 '나'가 튀어나온다면 제자의 자격이 없다.

스승님의 말씀이 틀렸는가?

'나'에게 틀린 것이다.

스승님의 처신이 못마땅한가?

'나'에게 못마땅한 것이다.

아직도 '나'가 있다면, 당신은 스승님이 없는 것이다.

스승님의 말씀을 그대로 따라서 '무엇'을 얻는 것이 아니라,

그대로 따르면서 '나'가 죽는 것이다.

스승님은 무아(無我)의 지름길이고, 살아(殺我)의 기회이다.